Cuaderno de ejercicios

A1

Curso para
adolescentes

Diseño del proyecto y programación didáctica
　　　Milagros Bodas
　　　Sonia de Pedro

Redacción: Isabel López Barberá
　　　　　　M.ª Paz Bartolomé Alonso
　　　　　　Pilar Alzugaray Zaragüeta
　　　　　　Ana Isabel Blanco Gadañón

3.ª edición: 2018
4.ª reimpresión: 2024

© De la obra: Grupo Anaya S. A.
© De los dibujos, esquemas y gráficos: Grupo Anaya S. A.
© De esta edición: Grupo Anaya S. A., 2018

Depósito legal: M-33423-2017
ISBN: 978-84-698-4649-0
Printed in Spain

Equipo editorial
　　　Coordinación: Milagros Bodas
　　　Edición: Sonia de Pedro
　　　Corrección: Carolina Galera
　　　Ilustración: Pablo Espada
　　　Diseño de cubierta e interiores: Ricardo Polo
　　　Maquetación: Ricardo Polo
　　　Edición gráfica: Nuria González

Fotografías: Maskot/Getty Images, 123RF.

Las normas ortográficas seguidas en este libro son las establecidas por la Real Academia Española en su última edición de la *Ortografía*.

Reservados todos los derechos. El contenido de esta obra está protegido por la Ley, que establece penas de prisión y/o multas, además de las correspondientes indemnizaciones por daños y perjuicios, para quienes reprodujeren, plagiaren, distribuyeren o comunicaren públicamente, en todo o en parte, una obra literaria, artística o científica, o su transformación, interpretación o ejecución artística fijada en cualquier tipo de soporte o comunicada a través de cualquier medio, sin la preceptiva autorización.

PRESENTACIÓN

NUEVO

MAÑANA es un curso de español en tres niveles dirigido a adolescentes. Se ha diseñado una programación que contempla las necesidades del profesorado y las peculiaridades de este alumnado.

Cada nivel del método se compone de Libro del Alumno (+ audio descargable), Cuaderno de Ejercicios y Libro del Profesor (+ audio descargable).

El objetivo de este primer nivel es que el alumno adquiera una mínima competencia para desenvolverse en situaciones comunicativas cotidianas.

El **Cuaderno de Ejercicios** está concebido como complemento al Libro del Alumno y su propósito es ofrecer un material de refuerzo para fijar los contenidos trabajados en las distintas unidades del Libro del Alumno. Se pretende que el estudiante cuente con material suficiente para seguir practicando y facilitar al profesor una batería de actividades que puede utilizar según las necesidades del aula.

Los ejercicios del Cuaderno pueden ser realizados en casa o en el aula (hay actividades de interacción).

Al final se incluyen las **soluciones.** ∎

UNIDAD 1 — LA CLASE

1 Deletrea estas palabras.

- café: _____
- lápiz: _____
- mesa: _____
- silla: _____
- goma: _____
- ella: _____
- decir: _____
- mapa: _____

2 Busca diez números en la sopa de letras.

A	L	V	U	N	E	R	S	B	N	I
D	I	E	X	O	O	I	O	I	I	L
O	D	I	E	C	I	S	I	E	T	E
C	I	N	C	H	U	V	I	N	R	F
U	E	T	M	O	S	N	E	T	E	U
A	Z	E	N	C	R	E	A	E	C	L
T	A	N	G	Q	U	I	N	C	E	S
R	S	E	I	S	H	Y	A	R	A	D
O	L	G	M	P	A	T	D	E	L	A
V	E	I	N	T	I	D	O	S	T	C
I	T	N	E	O	S	E	S	U	V	I

3 Completa las palabras. Después, relaciónalas con las fotos, escribiendo cada número junto a su dibujo.

1. El libro
2. La mo _ _ ila
3. El l _ piz
4. La mes _
5. El cuader _ _
6. La si _ _ a
7. El bol _ gra _ o
8. La pi _ a _ ra
9. La ti _ a
10. El sa _ ap _ ntas

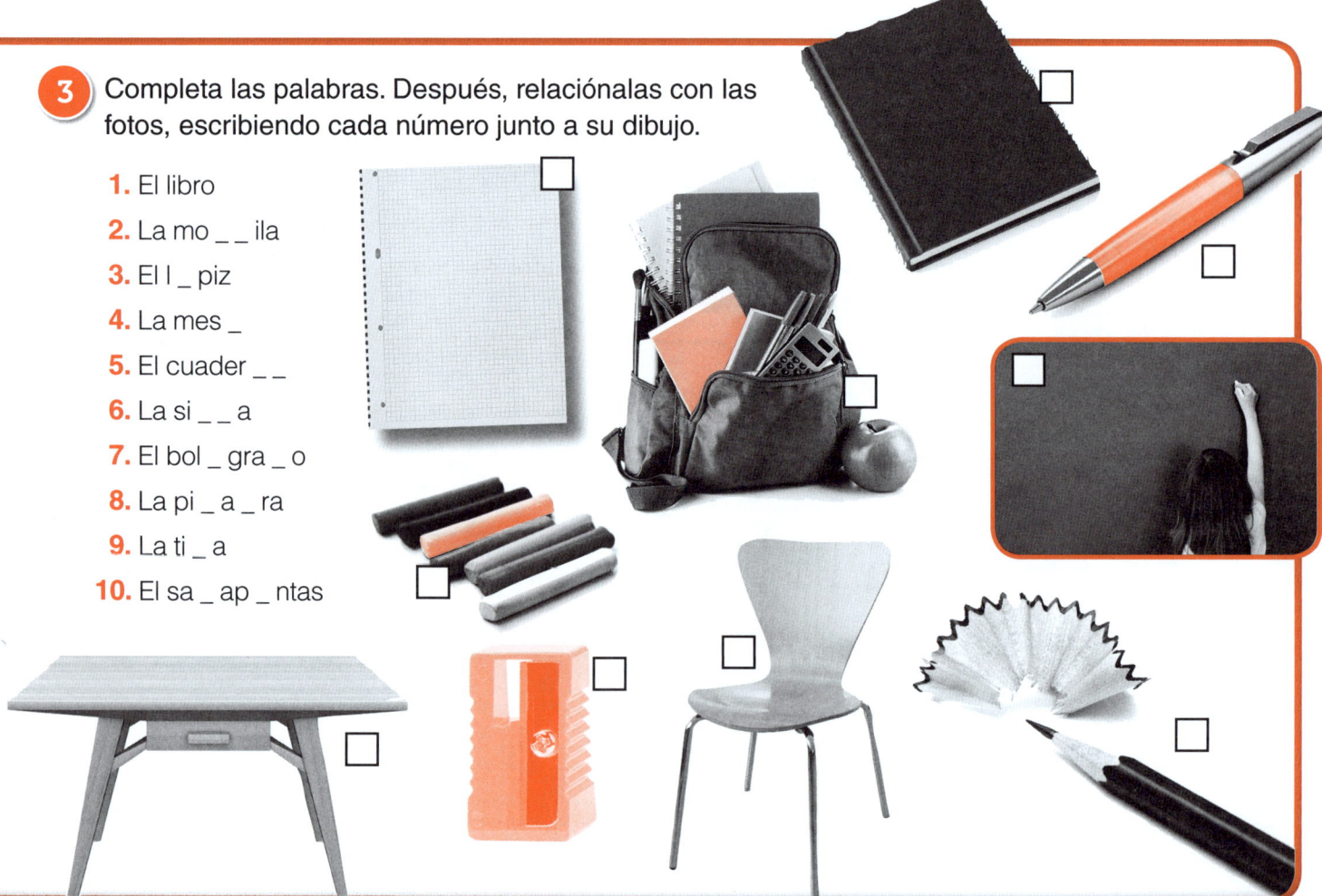

4. Completa la tabla siguiente con las nacionalidades.

Masculino	Femenino
Español	
	Brasileña
Mexicano	
Argentino	
	Italiana
Chileno	
Estadounidense	
Inglés	
	Francesa
	Portuguesa
Uruguayo	
	Paraguaya
Alemán	
	Sueca
	China
Ruso	
Suizo	
	Griega
Dominicano	
	Colombiana
Japonés	
	Rumana
Finlandés	
	Noruega

5. Formula la regla de formación del femenino en las nacionalidades.

✔ Cuando el masculino termina en _____, el femenino termina en *a*.

✔ Cuando el masculino termina en una consonante, el femenino se forma añadiendo _____, sin _____ .

■ Ahora escribe seis ejemplos para ilustrar la regla anterior.

_____
_____
_____
_____
_____
_____

6. Relaciona cada nacionalidad con su país siguiendo el ejemplo.

Nacionalidad	País	Relación
1. Español	a) Chile	1. h)
2. Francés	b) Irlanda	_____
3. Alemán	c) Bolivia	_____
4. Italiano	d) Argentina	_____
5. Argentino	e) Francia	_____
6. Irlandés	f) Italia	_____
7. Cubano	g) Cuba	_____
8. Boliviano	h) España	_____
9. Chileno	i) Alemania	_____

7 Estos son sustantivos españoles. Clasifícalos en su caja correspondiente, según su género.

puerta, lápiz, salud, alumno, canción, moto, papelera, garaje, patio, profesor, gata, mapa, francesa, pianista, tiza, cuaderno, cartera, directora, colegio, casa, pelo

Masculino

Femenino

8 Ordena el siguiente diálogo y escríbelo ordenado.

¡Hola! | Soy de Barcelona
Muy bien, ¿y tú? | ¿Cómo te llamas?
De Buenos Aires, ¿y tú?
Me llamo Paco, ¿y tú? | Paola
¿De dónde eres? | Bien también
¡Hola!, ¿qué tal?

-¡Hola!
- _____
- _____
- _____
- _____
- _____
- _____
- _____
- _____
- _____

9 Los enunciados siguientes tienen relación con las despedidas, los saludos o con la información personal. Clasifícalos en su lugar correspondiente.

- ¿Cómo te llamas?
- Buenos días
- ¿Dónde vives?
- Hasta luego
- ¿Cuántos años tienes?
- Hasta mañana
- Hola
- ¿De dónde eres?
- Adiós
- Hasta pronto

Saludos

Despedidas

Información personal

10 Estas son otras formas de preguntar la información personal. Escribe al lado las que has aprendido en la lección.

Ej.: *¿Cuál es tu nombre? ¿Cómo te llamas?*

1. ¿Cuál es tu apellido? _____ .
2. ¿Cuál es tu nacionalidad? _____ .
3. ¿Cuál es tu dirección? _____ .
4. ¿Cuál es tu edad? _____ .

11 Elige la respuesta correcta para cada pregunta.

1. ¿Cuántos años tienes?
   - a) 12
   - b) 309 27 42 11
   - c) 1992

2. ¿Cómo te llamas?
   - a) González López.
   - b) El director del colegio Mileto.
   - c) Carlos.

3. ¿Dónde vives?
   - a) En España.
   - b) De España.
   - c) A España.

4. Mauro, ¿de dónde eres?
   - a) En Argentina.
   - b) De Buenos Aires.
   - c) En el colegio Mileto.

5. ¿Cómo te apellidas?
   - a) María.
   - b) Pérez García.
   - c) Calle del Pez, n.° 8.

6. ¿Dónde vives?
   - a) De Argentina.
   - b) En el colegio Mileto.
   - c) En la calle Oca, n.° 22.

7. ¿Dónde estudias?
   - a) En el colegio Mileto.
   - b) De Madrid.
   - c) Del colegio Mileto.

8. ¿Qué tal?
   - a) Hasta luego.
   - b) Bien.
   - c) Gracias.

9. ¿Qué estudias?
   - a) Español.
   - b) 29
   - c) En el colegio Mileto.

10. ¿Cuántos idiomas hablas?
    - a) España y Francia.
    - b) Buenos días.
    - c) Español y alemán.

12 Completa el cuadro.

	TENER	SER	ESTUDIAR	VIVIR	LLAMARSE	APELLIDARSE
Yo	tengo	soy	estudio	vivo	me llamo	me apellido
Tú		eres	estudias		te llamas	te
Él / ella / usted	tiene		estudia	vive	se llama	se
Nosotros /as	tenemos	somos		vivimos	nos llamamos	nos
Vosotros /as	tenéis	sois		vivís	os llamáis	os
Ellos/as /ustedes		son	estudian		se llaman	se

13 Estos verbos son nuevos. Rellena el cuadro como en el ejercicio anterior.

	TRABAJAR	LEER	ESCRIBIR
Yo			
Tú			
Él / ella / usted			
Nosotros / nosotras			
Vosotros / vosotras			
Ellos / ellas / ustedes			

14 ¿Sabes qué significan los verbos anteriores? Observa estos ejemplos y escribe tú otros.

El profesor trabaja en el colegio español.

Yo leo mi libro de español en la clase.

Escribimos los ejercicios en el cuaderno.

15 ¿Qué significan estas abreviaturas?

C/: _____

N.º: _____

Pl.: _____

Avda.: _____

16 Estas son otras abreviaturas que necesitas para escribir las direcciones en español. Relaciónalas con flechas.

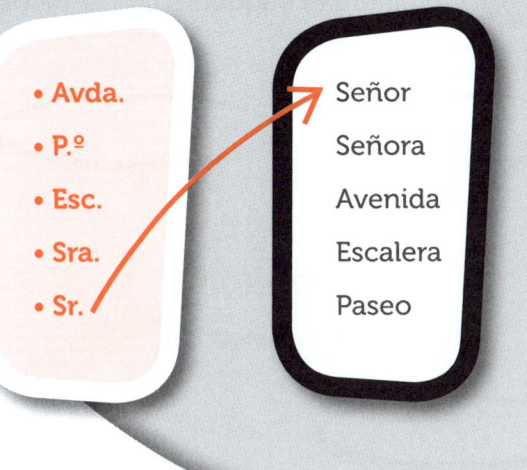

- Avda.
- P.º
- Esc.
- Sra.
- Sr.

Señor
Señora
Avenida
Escalera
Paseo

17 Rellena esta ficha para la biblioteca del colegio con la información necesaria.

COLEGIO ESPAÑOL
BIBLIOTECA

FOTO

NOMBRE _____
APELLIDOS _____
DIRECCIÓN _____
CURSO Y CLASE _____
NÚMERO DE TELÉFONO _____
NOMBRE DEL PADRE O DE LA MADRE _____

FIRMA:

UNIDAD 2 MI CASA

1 Completa el esquema con el mobiliario y las habitaciones de la casa.

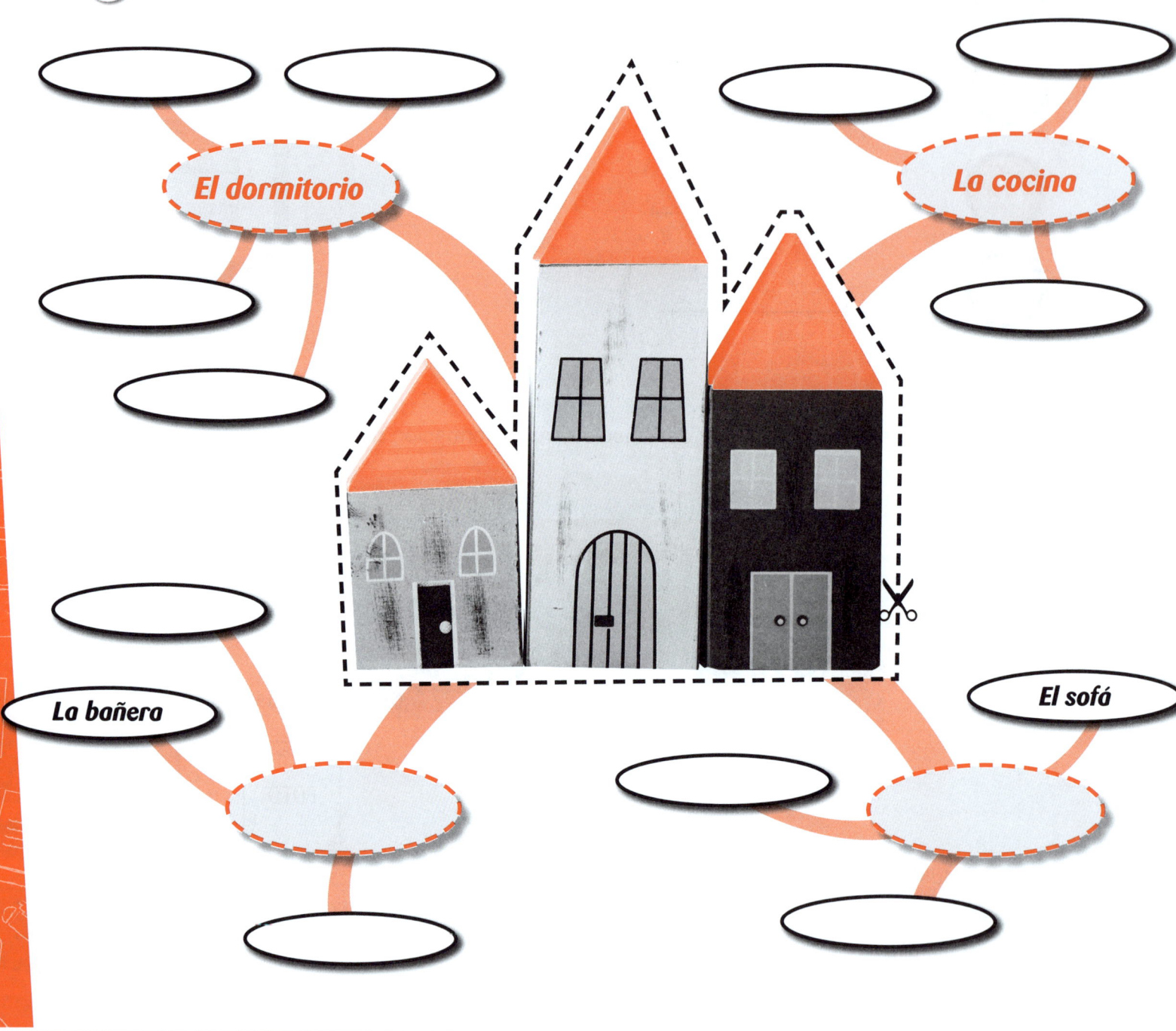

El dormitorio

La cocina

La bañera

El sofá

2 Separa las siguientes expresiones.

cercadelejosdealaderechadealaizquierdadealladodeenelcentrodealasafuerasdedetrásde

3 Completa las palabras referidas a los colores. Después colorea los objetos según el color indicado.

1. El _____ es __arró__.
2. La _____ es a__ar__ll__.
3. La _____ es az__ __.
4. El _____ es na __ __ __ ja.
5. La _____ es v__ r__ __.

4 Busca y señala en la sopa de letras diez cosas que puedes encontrar en una casa.

P	S	M	T	E	N	D	O	L	O	V	E
U	O	E	E	S	I	L	L	O	N	I	S
R	F	U	L	C	C	M	I	E	F	S	T
B	A	Ñ	E	R	A	T	S	I	R	T	A
E	L	O	V	I	M	B	I	G	E	O	N
T	R	E	I	T	A	O	L	Z	G	F	T
R	I	V	S	O	R	O	L	A	A	E	E
I	N	T	I	R	I	B	A	P	D	N	R
S	E	L	O	I	J	I	C	P	E	T	I
A	S	A	N	O	T	D	I	A	R	I	A
L	G	F	R	F	U	K	A	L	O	J	O
F	R	I	G	O	R	I	F	I	C	O	N

once **11**

5 Observa el plano e indica si las afirmaciones son verdaderas o falsas.

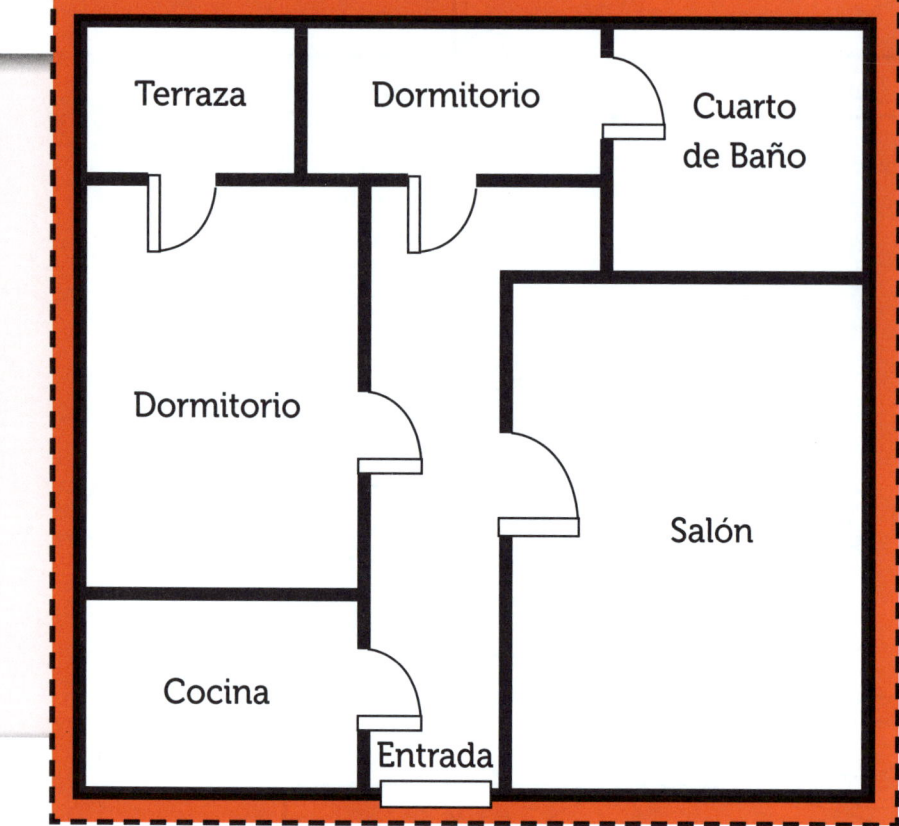

	V	F
1. La cocina está a la derecha de la entrada.	☐	☐
2. El aseo o cuarto de baño está al final del pasillo, a la derecha.	☐	☐
3. El salón está a la izquierda de la entrada.	☐	☐
4. El dormitorio grande está al lado del baño.	☐	☐
5. El piso no tiene terraza, tiene un balcón.	☐	☐
6. Hay dos dormitorios.	☐	☐
7. El salón es muy grande.	☐	☐
8. La cocina es pequeña.	☐	☐

6 Escribe *un* o *una*.

Ej.: *Una silla*

1. ____ armario
2. ____ lavadora
3. ____ lavabo
4. ____ ducha
5. ____ bañera
6. ____ habitación
7. ____ libro
8. ____ pared
9. ____ ordenador
10. ____ cama
11. ____ sofá
12. ____ sillón

7 Escribe las siguientes palabras en plural.

Ej.: *El libro: los libros.*

1. La estantería: _____
2. La pared: _____
3. La silla: _____
4. El sillón: _____
5. La casa: _____
6. El piso: _____
7. El dormitorio: _____
8. El cuarto de baño: _____
9. El jardín: _____
10. La terraza: _____

8 Lee estas oraciones y escribe el plural siguiendo el ejemplo.

Ej.: *La pared es blanca. Las paredes son blancas.*

1. El lápiz está encima de la mesa. _____
2. El libro está encima de la estantería. _____
3. El espejo está en el dormitorio. _____
4. En la pared hay un cuadro. _____
5. La lámpara es amarilla y verde. _____
6. El sillón es rojo. _____
7. Es un apartamento luminoso. _____
8. En el cuarto de baño hay una estantería. _____

9 Ordena las oraciones. La primera palabra está señalada en negrita.

1. **La** está al lado puerta mesa de la. _____
2. están libros en la estantería **Los.** _____
3. ducha está en **La** el cuarto de baño. _____
4. la derecha **La** está a de la cama mesa. _____
5. hay algunos de la cama libros **Encima.** _____
6. azul y está **El** sillón es terraza en la. _____

10 Completa estas oraciones con las formas adecuadas de los verbos *ser* o *estar.*

1. La terraza _____ al lado del salón.
2. Los lápices _____ de colores y _____ en la mochila.
3. Mi dormitorio _____ muy alegre.
4. El lavavajillas _____ moderno y _____ en la cocina.
5. Los armarios que _____ en la cocina _____ marrones y muy grandes.
6. Mis libros _____ encima de mi escritorio.

11 Rellena los huecos con *hay* o *están* para expresar existencia o ubicación.

1. En el armario _____ muchas cosas.
2. En mi dormitorio _____ una mesilla.
3. Mis libros _____ encima de la mesilla.
4. Los sillones _____ cerca de la terraza.
5. En la cocina _____ cuatro sillas y una mesa.
6. La cama _____ a la izquierda.

trece 13

12 Completa con *en* o *de*.

1. Mi casa está cerca _____ un parque.
2. Vivo _____ Madrid.
3. ¿Cómo es la habitación _____ Silvia?
4. La mochila está encima _____ la cama.
5. Los muebles están _____ el piso.
6. El espejo está _____ el cuarto de baño, _____ la pared, al lado _____ la estantería de madera.
7. El baño está enfrente _____ la cocina.

 **13** Lee las oraciones y dibuja lo que expresan. Tu compañero las adivinará. ¡No mires su información!

Alumno A

La mesa está al lado de la ventana.

La lámpara está encima de la mesa.

El frigorífico está a la derecha de la mesa.

Alumno B

Alumno B

La cama está cerca del armario.

Encima de la silla hay dos libros.

Debajo de la mesa de la cocina está el gato.

Alumno A

14 Busca en el libro cinco palabras con *c*. Escríbelas y dilas a tu compañero. Él hará lo mismo.

Tus palabras

Las palabras de tu compañero

15 Observa la habitación y descríbela.

16 Rellena los siguientes cuadros.

Cinco cosas que hay en tu casa

Cinco cosas que no hay en tu casa

quince 15

17 Lee el siguiente texto.

> Mi casa está en las afueras de Madrid. Es muy grande, tranquila, moderna y bonita. Tiene cuatro dormitorios, un baño y un aseo. En el cuarto de baño hay una bañera y en el aseo hay una ducha. En mi casa hay un salón muy grande, con vistas al jardín. En el jardín hay árboles y flores. La casa tiene mucha luz, es muy luminosa.

17.1 Subraya las palabras nuevas, búscalas en el diccionario y escríbelas en tu lengua.

Español	Tu lengua

17.2 Escribe lo contrario de lo que dice el texto.

Ej.: *Mi casa está en el centro de Madrid*

18 Escribe algunas palabras que son similares, pero con diferencias en español y en tu lengua.

Español → | ← *Tu lengua*

19 En el Libro del Alumno hay descripciones de viviendas españolas. ¿Cuáles son las diferencias con las de tu país?

20 Imagina que tienes un intercambio en español. Escribe un correo electrónico y cuenta cómo es tu casa.

De: Olga
Para: María
Asunto: Te espero en casa

UNIDAD 3 — EL CUMPLEAÑOS DE LA ABUELA

1 Completa la tabla con las palabras que faltan. Están relacionadas con la familia. Sigue el ejemplo.

Ej.: *El tío* → Ej.: *La tía*

1. _____ → La madre
2. Los abuelos → _____
3. El primo → _____
4. _____ → La sobrina
5. _____ → La hermana

2 Mira el árbol genealógico de esta familia española y completa después las oraciones como en el ejemplo.

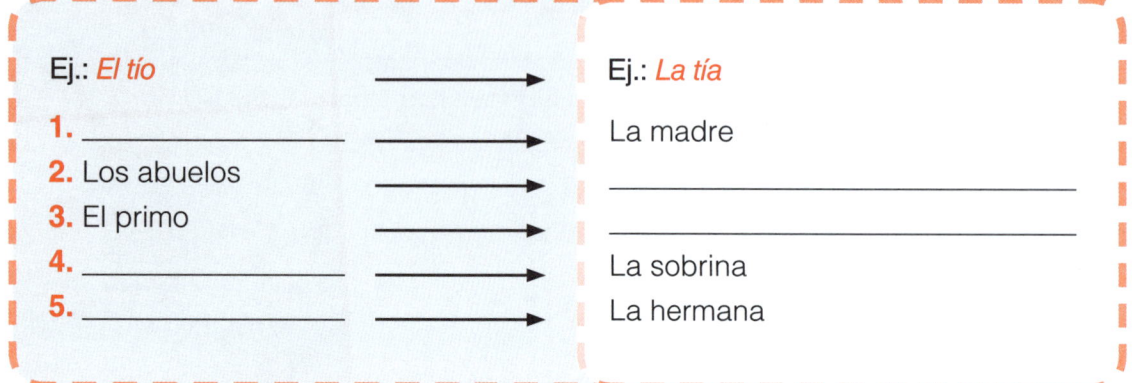

Ej.: *Víctor Manuel es el padre de Susana, Isabel y Marcos.*

1. Aurora es la _____ de Víctor Manuel.
2. Victoria es la _____ de Juan, Pablo y Miguel.
3. Pablo, Miguel y Juan son _____ .
4. Jaime y Susana son los _____ de Felipe y Victoria.
5. Victoria y Miguel son _____ .

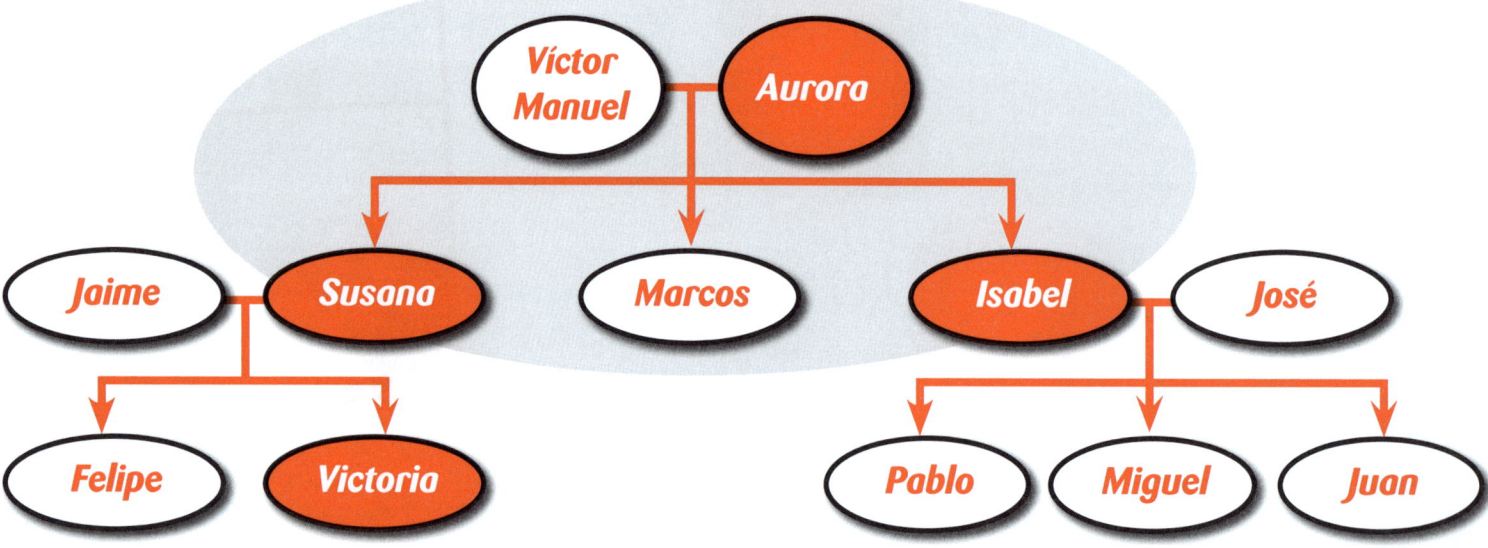

3 Escribe las fechas de los cumpleaños de tu familia, según el ejemplo.

Ej.: *El cumpleaños de mi hermana es el 10 de mayo.*

- _____
- _____
- _____
- _____

4 En España el día 6 de diciembre es el día de la Constitución. Escribe las fechas de las fiestas más importantes de tu país.

5 Escribe palabras relacionadas con la descripción física, cada una en su lugar correspondiente.

CUERPO
delgado

PELO
el pelo blanco

CARA
bigote

6 Escribe cada una de las palabras del ejercicio anterior donde corresponda.

ES	TIENE	LLEVA
delgado	*bigote*	*el pelo blanco*

7 Transforma las oraciones siguientes en femenino plural. Sigue el ejemplo.

Ej.: *Mi hermano es rubio.*
Mis hermanas son rubias.

1. Tu tío es alto y delgado.
   _____

2. Nuestro primo lleva gafas.
   _____

3. Su abuelo tiene el pelo blanco.
   _____

■ Ahora, escribe lo contrario de cada descripción.

Ej.: *Mi hermano es rubio.*
Mi hermano es moreno.

1. Tu tío es alto y delgado.
   _____

2. Nuestro primo lleva gafas.
   _____

3. Su abuelo tiene el pelo blanco.
   _____

8 Mira las fotos y describe a estas personas.

1. Juan _____
   _____
   _____

2. María _____
   _____
   _____

3. Pablo _____
   _____
   _____

20 veinte

9 Completa el texto con los verbos *ser, tener* y *llevar*.

Mi tío Alberto _____ el hermano de mi madre. Trabaja en un laboratorio. _____ barba y _____ muy simpático. _____ alto y un poco gordo. _____ el pelo rizado y _____ canas. _____ dos hijos. El mayor _____ simpático, como su padre. El pequeño _____ muy antipático.

10 Transforma las siguientes oraciones según el ejemplo.

Ej.: *Mi padre se llama Antonio. (yo) El mío se llama Juan.*

1. Mi profesora es alta. *(nosotros)*
   _____
2. Tu hermana es morena. *(vosotros)*
   _____
3. La hermana de Rosa vive en Barcelona. *(yo)*
   _____
4. Los padres de Andy son escoceses. *(tú)*
   _____
5. Mi clase es la número 2. *(tú)*
   _____
6. Mi casa está en el centro de la ciudad. *(vosotros)*
   _____

11 Completa las siguientes oraciones siguiendo el ejemplo.

Ej.: *¿De quién es este libro? ¿De Juan? Sí, es suyo.*

1. ¿De quién son estos libros, vuestros? Sí, _____
2. ¿De quién es esta mochila, de Manuel? Sí, _____
3. ¿De quién son estos bolis, de Pedro y Tina? Sí, _____
4. ¿De quién es este cuaderno, tuyo? Sí _____
5. ¿De quién son estas llaves, de tu padre? Sí, _____
6. ¿De quién es este gato, de Ana? Sí, _____

12 Ahora, completa con el demostrativo correspondiente.

Ej.: *¿Quién es esta señora?*

1. ¿Quién es _____ profesor?
2. ¿Quiénes son _____ estudiantes?
3. ¿Quiénes son _____ chicas?
4. ¿Quién es _____ profesora?
5. ¿Quiénes son _____ profesores?

13 Escribe todas las palabras que recuerdes con las siguientes sílabas.

ga	gue	gui	go	gu
gallo				

ja	je	ji	jo	ju

14 Compara las palabras del ejercicio anterior con las de tu compañero y, juntos, leedlas todas en voz alta.

15 Dicta las palabras de tu lista a tu compañero. Él las escribe y después comprobáis si contiene alguna de las sílabas anteriores. ¡No mires su lista!

A	Para escribir	B	Para escribir
Jirafa		Gusto	
Guerra		Garrafa	
Jugar		Merengue	
Jaula		Agua	
Guitarra		General	
Julio		Jota	
Jamón		Guisante	
Gente		Gimnasia	
Sigue		Garaje	
Argentina		Gorro	
Gato		Jinete	
Gota		Guillermo	

16 Dibuja tu árbol genealógico y presenta tu familia a tu compañero.

Ej.: *Este es mi padre. Se llama...*

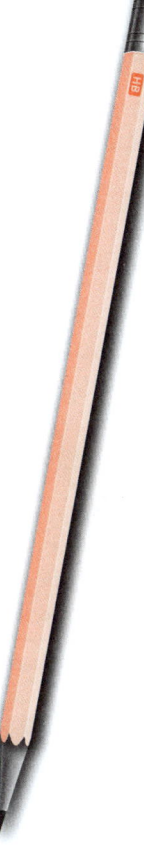

 17 Describe a tu compañero los miembros de tu familia durante dos minutos. Después él tendrá que escribir el máximo de descripciones que recuerda.

_____
_____
_____
_____
_____

■ ¿Quién ha conseguido recordar más detalles?

18 Escribe seis palabras de esta lección que recuerdas especialmente y tradúcelas a tu lengua.

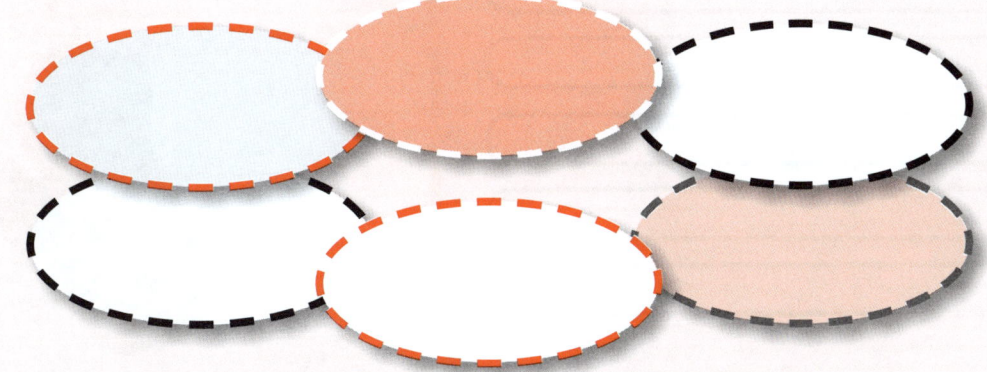

veintitrés **23**

19 Escribe seis palabras de esta lección para describir físicamente a una persona.

20 Ordena las partes de cada palabra para formar los meses del año.

1. bre-tu-oc _____
2. ne-e-ro _____
3. bril-a _____
4. ni-ju-o _____
5. li-o-ju _____
6. gos-a-to _____
7. bre-no-viem _____
8. yo-ma _____
9. tiem-bre-sep _____
10. zo-mar _____
11. ro-bre-fe _____
12. bre-ciem-di _____

21 En esta lección hay palabras para describir físicamente a las personas. Busca en el diccionario seis palabras para describir el carácter de la gente.

24 veinticuatro

22 Marca verdadero o falso.

	V	F
La Navidad se celebra el 24 de diciembre.	☐	☐
El 25 de diciembre es el día de los regalos.	☐	☐
El día 6 de enero es el día de los regalos.	☐	☐
La fiesta del fuego son las Fallas.	☐	☐

23 Describe a una persona muy famosa de tu país. Tu profesor adivinará quién es.

_____
_____
_____
_____
_____

24 Ordena las palabras para formar cuatro oraciones.

1. mis   La   padres   hija   es   hermana   mi   de.
_____

2. padre   es   primo   mi   El   de   tío   mi.
_____

3. de   son   hermana   mi   hijos   mis   Los   sobrinos.
_____

4. abuela   es   de   padre   mi   madre   mi   La.
_____

UNIDAD 4 UN DÍA NORMAL Y CORRIENTE

1 Lee las frases y rellena el crucigrama.

1. Lavarse en la ducha.
2. Se hace con lápiz y papel.
3. Comer por la tarde.
4. Irse a la cama.
5. Comer por la noche.
6. Salir de la cama.
7. Comer por la mañana.

2 En estas expresiones de frecuencia se nos han olvidado las vocales. ¿Puedes ponerlas?

1. N _ RM _ LM _ NT _
2. N _ NC _
3. _ V _ C _ S
4. _ M _ N _ D _
5. C _ S _   N _ NC _
6. S _ _ MPR _
7. C _ S _   S _ _ MPR _

3 Ahora, ordena esas expresiones de menor a mayor según su frecuencia.

Nunca, _____

_____

26 veintiséis

4 Une las sílabas para formar medios de transporte.

taxi

che to
xi
     tro cle to
ci   mo
         bús me
     bi   a
       ta   au
tren   ta
     vión co

5 Ahora vuelve a escribir los medios de transporte del ejercicio anterior con su artículo: ¿*el* o *la*?

el taxi

6 Escribe el nombre de las asignaturas que tienes y tu relación con ellas.

Matemáticas	😀	😐	☹️

7 Relaciona un elemento de cada columna. Sigue el ejemplo.

1. Jugar al tenis
2. Dormir
3. Ir
4. Hacer
5. Hacer
6. Lavar
7. Desayunar
8. Levantarse
9. Jugar

los deberes
ocho horas
temprano
pronto
con los amigos
al baloncesto
la cama
la ropa
al colegio andando

8 ¿Qué hora es? Escríbela.

9 Clasifica estos verbos.

[cenar, empezar, acostarse, ducharse, llegar, venir, ir, cerrar, poner, hablar, quitar, dormir, barrer, tener, merendar, escribir, soler]

REGULARES

Cenar,

IRREGULARES

Soler,

10 Escribe la forma conjugada de los verbos siguientes.

Ej.: *Levantarse (yo)*   Yo me levanto

1. Despertarse (tú) _____
2. Acostarse (nosotros) _____
3. Merendar (ella) _____
4. Jugar (nosotros) _____
5. Comer (ella) _____
6. Estudiar (tú) _____
7. Ducharse (vosotros) _____
8. Cenar (ellos) _____
9. Ir (yo) _____
10. Venir (tú) _____
11. Hacer (nosotros) _____
12. Bañarse (nosotros) _____
13. Poner (yo) _____
14. Quitar (tú) _____
15. Regar (ella) _____
16. Pasear (vosotros) _____

11 Completa estas oraciones.

1. Ella viene a casa _____ metro.
2. Mi madre se levanta _____ las ocho _____ media.
3. _____ lunes tengo clase _____ Matemáticas.
4. Voy al cine _____ menudo.
5. ¿_____ qué hora sales del colegio?

12 Piensa en lo que hacéis en tu clase y escribe las actividades y la frecuencia.

Ej.: *Nunca terminamos las clases a las 9 de la noche.*

_____
_____
_____
_____
_____
_____

13 En estas preguntas falta una palabra. Escribe la pregunta completa.

Ej.: *¿A qué hora vas la escuela?*
*¿A qué hora vas **a** la escuela?*

1. ¿Cenas casa?
   _____

2. ¿Vas al cine tus amigos?
   _____

3. ¿Tienes clase la tarde?
   _____

4. ¿Vienes a la escuela autobús?
   _____

5. ¿Friegas los platos el campamento?
   _____

14 ACTIVIDADES EXTRAESCOLARES. ¿Haces otras actividades después de las clases? Escribe qué haces y qué días.

_____
_____
_____
_____
_____
_____
_____
_____
_____
_____
_____
_____

15 En tu país, ¿quién se ocupa normalmente de hacer las tareas de la casa? Contesta siguiendo el ejemplo.

Ej.: *Fregar los platos.* → *Normalmente, los hombres friegan los platos.*

1. Hacer las camas.
   _____

2. Ir al mercado.
   _____

3. Lavar y ordenar la ropa.
   _____

4. Cocinar.
   _____

5. Poner y quitar la mesa.
   _____

6. Llevar a los hijos a la escuela.
   _____

16 Tenemos las respuestas, pero no las preguntas. Escríbelas tú.

Ej.: *¿Vas al colegio en autobús?...*
Sí, voy al colegio en autobús.

1. _____
   Vamos andando.
2. _____
   Son las tres.
3. _____
   Sí, a veces.
4. _____
   Mi hermano y yo quitamos la mesa.
5. _____
   Me levanto a las 7:00.

17 Escribe oraciones con el verbo y el pronombre indicados. Utiliza expresiones de frecuencia.

1. (Levantarse, yo) _____
2. (Ir, tú) _____
3. (Merendar, nosotros) _____

18 Completa el texto con las palabras del recuadro.

> de   va   leen   se levanta   y   su   come
> la   trabaja   con   gimnasia   vuelven   vuelve
> empieza   los   a   cena   se acuestan   de

Martina es profesora. _____ en un colegio. _____ todos los días a las 7 menos cuarto ...... la mañana y su trabajo _____ a las 8 ____ media. Normalmente _____ en la cantina del colegio, pero ____ martes _____ a casa para comer, porque no tiene clase.

Normalmente termina ____ trabajar _____ las 5 de ...... tarde. Entonces, _____ al gimnasio ...... sus amigas. Hacen _____ y después _____ a casa.

Martina _____ a las 21:00 con ____ marido. Después, ven la tele o _____ un libro. _____ a las 23:00.

treinta y una **31**

19 Forma oraciones tomando un elemento de cada columna. Escríbelas después.

Tú vas		la mañana
Los sábados		la tarde vamos al cine
Voy	de	casa andando
Este fin de semana estoy	a	casa de mis abuelos
Mi hermana mayor va	por	la piscina
Voy al gimnasio	en	la tarde
Hago los deberes en casa		la disco los fines de semana
Me levanto		la noche
Son las 10		las 7 de la mañana

_____
_____
_____
_____
_____
_____
_____

20 Lee con tu compañero las palabras siguientes en voz alta.

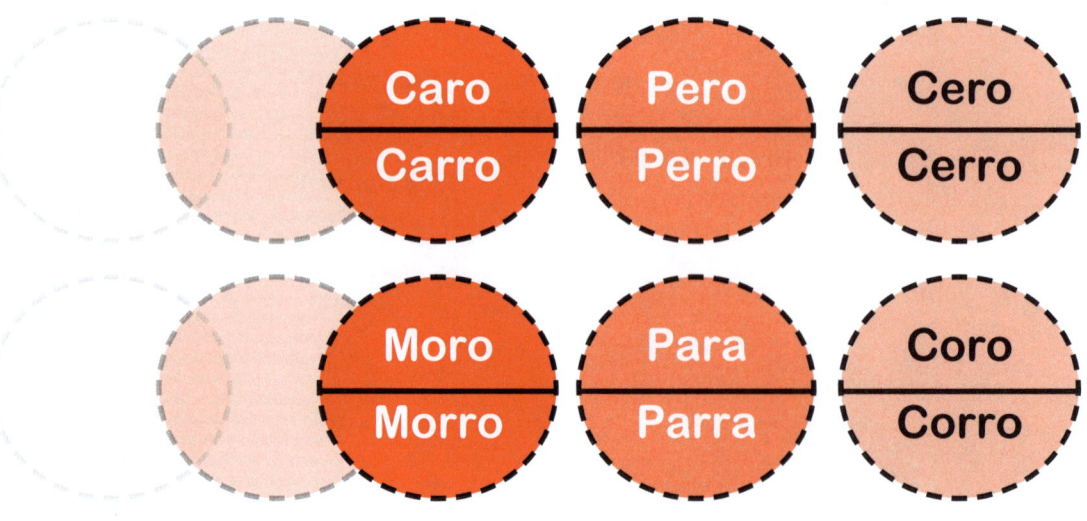

21 Lee este texto y saca conclusiones de lo que hacen algunos españoles los domingos.

Los domingos, la familia Conde se levanta tarde, a las 11:00 y desayuna churros, magdalenas, bollos... A veces van a ver un museo, una exposición y otras veces van a hacer algo de deporte: juegan al tenis, montan en bicicleta, juegan al fútbol.

Los mayores van a un bar antes de comer para tomar el aperitivo con otras familias de amigos.

Toda la familia come junta en casa. A veces, el padre y la madre preparan una paella y otras van a comer al restaurante.

Por la tarde, el padre y la madre leen el periódico, ven la televisión o van a casa de amigos para tomar el café y jugar a las cartas.

Los hijos se quedan en casa para hacer los deberes.

Todos se acuestan pronto.

♡ ◯ Agrega un comentario...
15 Me gusta

♥ 15 Me gusta   💬 7 Comentarios

Conclusiones

Ej.: *Muchos españoles van a los museos los domingos por la mañana.*

22 Explica qué hace la gente en tu ciudad los domingos.

UNIDAD 5 HOY COMEMOS FUERA

1 Completa los nombres de estos platos.

1. TORTI _ _ A DE PAT _ TAS
2. PA _ LLA
3. P _ RÉ D _ _ ERDURAS
4. EN _ _ LADA MI _ TA
5. N _ TILLAS
6. TA _ _ A DE Q _ ESO
7. F _ LETE
8. PE _ C _ DO F _ ITO
9. VE _ DU _ A A LA PLAN _ _ A

2 Lee las descripciones, identifica y escribe el nombre de estos platos.

Ej.: *Es un plato español con huevos y patata: Tortilla de patata.*

1. Es un plato que lleva arroz, un huevo, salsa de tomate y plátano frito. _____
2. Es un plato con lechuga, tomates, huevo, atún y cebolla. _____
3. Es como una crema con diferentes verduras. _____
4. Es un dulce cremoso. _____

3 Escribe las palabras del ejercicio 1 en su columna, según corresponda.

De primero	De segundo	De postre

4 Completa el crucigrama con los nombres de estos objetos.

Cuchara   Cuchillo   Jarra   Tenedor   Vaso
Plato   Mantel   Taza   Servilleta

5 Diferentes maneras de comer. Explica qué es...

Ej.: *Tapas: Pequeñas cantidades de comida que se toman como aperitivo, acompañadas de una bebida.*

1. Menú del día: _____
   _____

2. Comida rápida: _____
   _____

3. A la carta: _____
   _____

6 Contesta las preguntas con el superlativo en *-ísimo*.

Ej.: *¿Te gusta la comida? (buena). Sí, ¡está buenísima!*

1. ¿Qué tal la película? (aburrida) _____
2. ¿Te gustan los calamares? (sosos) _____
3. ¿Son baratas las patatas fritas? (baratas) _____
4. ¿Están buenos los mejillones? (sabrosos) _____
5. ¿Qué tal el filete? (duro) _____

treinta y cinco **35**

7 Completa el siguiente esquema con los elementos que faltan.

Ej.: A mí	me	gusta	el cine
1. A _____	te	gustan	los perros
2. A él	_____	gusta	_____
3. A ella	_____	_____	el café
4. A _____	le	gustan	_____
5. A nosotros/as	_____	_____	el fútbol
6. A _____	os	_____	las patatas
7. A ellos	_____	gusta	_____
8. A _____	les	_____	la leche
9. A ustedes	_____	gustan	_____

8 Relaciona con flechas ambas columnas para formar oraciones.

1. A mí no me gustan ...
2. A ellos les gusta ...
3. ¿Te gusta ...
4. ¿Os gustan ...
5. A mi hermana no le gusta ...
6. A nosotras nos gusta mucho ...
7. A nosotros nos gusta ...
8. A ella le gustan ...
9. A mí no me gusta ...

el café?
la ensalada sin sal.
comer en el restaurante.
las patatas.
la leche.
ir al bar.
los helados de vainilla.
el pescado.
las patatas fritas?

9 Ordena las expresiones de menos a más intensidad.

Me encanta/n   *No me gusta/n mucho*

Me gusta/n mucho   *No me gusta/n nada*

Me gusta/n poco   *Odio*

_____
_____
_____
_____
_____
_____

36 treinta y seis

10 Ahora, con esas mismas expresiones, forma oraciones sobre lo que te gusta comer.

_____
_____
_____

11 Forma oraciones comparativas según tus gustos.

Ej.: *El helado de chocolate / el helado de café.*
*Me gusta **más** el helado de chocolate **que** el helado de café.*

1. La ensalada / la pasta
_____

2. La fruta / los pasteles
_____

3. El zumo de naranja / la leche
_____

4. Las natillas / el flan
_____

12 Completa con el verbo *querer* o con el verbo *gustar* (o *encantar*).

1. _____ las patatas fritas.

2. _____ tomar un zumo, por favor.

3. _____ un refresco, por favor.

4. ¿_____ la *pizza*?

5. De primero, _____ una ensalada y de segundo _____ pescado porque _____ la carne.

6. ¿_____ beber algo? Sí, un zumo, ¡_____ el zumo de naranja!

13 Traduce estas oraciones a tu lengua.

1. No me gusta la ensalada.
_____
_____

2. Me encantan los pasteles de chocolate.
_____
_____

3. ¿A ti te gustan los calamares fritos?
_____
_____

4. ¿Os gusta comer en un local de comida rápida?
_____
_____

5. A mis hermanos no les gusta la sopa.
_____
_____

14 Ahora piensa si la estructura del verbo *gustar* es igual o diferente en tu idioma y escribe las conclusiones.

En _____ es igual que en español / es diferente del español porque _____
_____
_____
_____
_____
_____
_____
_____
_____
_____
_____
_____
_____

15 Has practicado el verbo *gustar* con la comida, pero se puede aplicar a los gustos en general. Escribe otras cosas que te gustan o que no te gustan a ti, a tus compañeros, a tu familia, etc.

Ej.: *A mí me encanta el cine.*
_____
_____
_____
_____
_____
_____
_____
_____
_____
_____
_____
_____
_____

16 Escribe y escenifica con un compañero un diálogo en un restaurante. No mires su parte, porque hay unas condiciones para cada personaje.

A Cliente

Eres vegetariano.

No comes carne ni pescado, pero comes huevos y alimentos procedentes de animales vivos.

Tienes alergia a la harina blanca de trigo.

B Camarero

Es un restaurante especializado en carnes.

A ti te encantan la carne y el pescado.

El plato de hoy es un pescado fresco fantástico.

_____
_____
_____
_____
_____
_____

17 Estás en un restaurante con tus amigos y necesitáis algunas cosas. Pídelas al camarero.

Ej.: *¿Nos trae un tenedor, por favor?*

1. _____
2. _____
3. _____
4. _____
5. _____
6. _____

18 Escribe *h* donde sea necesario.

1. ___acer
2. almo___ada
3. ___amarillo
4. ___azul
5. ___ora
6. ___ermano
7. ___agua
8. ___orno
9. ___elado
10. ___arroz

treinta y nueve **39**

19 Responde a las siguientes preguntas en relación con tu país.

1. ¿Crees que en tu país se come bien? ¿Por qué?
   _____
   _____

2. ¿Cómo es la comida de tu país?
   _____
   _____

3. ¿Dónde come la gente normalmente a mediodía?
   _____
   _____

4. ¿Cuáles son los horarios de las comidas?
   _____
   _____

5. ¿En qué ocasiones se va a comer o a cenar a un restaurante?
   _____
   _____

6. ¿Existe la costumbre de reunirse en un bar para tomar algo?
   _____
   _____

7. ¿Hay algo en tu país equivalente a las tapas en España?
   _____
   _____

8. ¿Qué tipos de locales hay para comer?
   _____
   _____

9. ¿Dónde prefieres comer? ¿Qué tipo de comida?
   _____
   _____

20 ¿Recuerdas la ortografía de las letras *c*, *z* y *q*? Escribe palabras que tengan estas letras.

Ca	Que	Qui	Co	Cu
casa	*queso*	*quien*	*comer*	*cuanto*

Za	Ce	Ci	Zo	Zu
zapato	*cenar*	*cien*	*chorizo*	*zumo*

UNIDAD 6 ¿QUÉ TE PASA?

1 Escribe el artículo y relaciona cada parte del cuerpo con el dibujo correspondiente.

1. ____ cabeza
2. ____ cuello
3. ____ espalda
4. ____ mano
5. ____ pierna
6. ____ pies
7. ____ ojos
8. ____ nariz
9. ____ oreja
10. ____ brazo

2 Completa la tabla.

A mí	me	duele	_____
A _____	te	_____	los pies
A él, ella, _____	_____	duele	la cabeza
A nosotros, nosotras	_____	_____	la espalda
A ____, ____	os	duelen	_____
A ____, ____, ustedes	_____	duele	_____

42 cuarenta y dos

3. Relaciona una palabra de cada columna y escribe oraciones con ellas.

1. pies	uñas
2. manos	pelo
3. cabeza	natación
4. ojos	pañuelo
5. espalda	gafas
6. nariz	zapatos

Ej.: *Los zapatos se ponen en los pies.*

1. _____
2. _____
3. _____
4. _____
5. _____

4. Completa con *doler, tener dolor de, tener* y *estar*.

1. Necesito una aspirina, porque _____ cabeza.
2. Me _____ los pies después de esta excursión.
3. ¡_____ muy cansado!
4. _____ un poco nerviosa por el examen.
5. ¿Por qué llevas tantos pañuelos? Porque _____ resfriado.
6. _____ garganta.
7. ¿Qué te _____?
8. _____ fiebre y me _____ la cabeza.
9. _____ tos, necesito beber agua.
10. ¿Qué te pasa? _____ cansada.
11. Me _____ los ojos; es porque leo sin gafas.

5. Relaciona ambas columnas según su sentido.

A Carlos le duele la cabeza. → Carlos tiene dolor de cabeza.
A mí me duele la espalda.
A Marta y a Francisca les duelen los ojos.
A Mercedes le duelen los pies.
A nosotros nos duele el estómago.

Mercedes tiene dolor de pies.
Tengo dolor de espalda.
Carlos tiene dolor de cabeza.
Tenemos dolor de estómago.
Marta y Francisca tienen dolor de ojos.

6 Responde con oraciones completas a las preguntas. Mira el ejemplo.

Ej.: *¿Qué te pasa? (cabeza).*
Me duele la cabeza / tengo dolor de cabeza porque tengo un examen.

1. ¿Qué le pasa a Luis? *(cansado).*
   _____

2. ¿Qué te pasa? *(espalda).*
   _____

3. ¿Qué os pasa? *(frío).*
   _____

4. ¿Qué te pasa? *(tos).*
   _____

5. ¿Qué le pasa a Marta? *(hambre).*
   _____

6. ¿Qué nos pasa? *(sed).*
   _____

7 Escribe lo que *hay que hacer* en las siguientes situaciones.

Ej.: *Dolor de cabeza.   Hay que tomar una aspirina.*

1. Dolor de estómago. _____
2. Fiebre. _____
3. Dolor de pies. _____
4. Resfriado. _____
5. Estar cansado. _____
6. Frío. _____
7. Calor. _____

8 Da consejos a tus amigos para las siguientes situaciones con *tener que + infinitivo.*

Ej.: *Para sacar mejores notas. → Tenéis que hacer los deberes todos los días. / Haced los deberes con más cuidado.*

1. Para ser buen deportista.
   _____
   _____

2. Para ganar todos los partidos de tenis.
   _____
   _____

3. Para estar muy fuerte físicamente.
   _____
   _____

4. Para no estar cansado los lunes.
   _____
   _____

9 ¿En qué situaciones puedes dar los siguientes consejos?

1. Tienes que hablar menos.

   _____
   _____

2. Levántate más temprano.

   _____
   _____

3. Tenéis que desayunar más.

   _____
   _____

10 Da consejos a tus amigos, ya que todos tienen problemas.

Tengo frío

Me duelen los ojos

Estoy nerviosa

Estoy cansado

11 ¿Qué hay que hacer para conseguir un carné internacional de estudiante? Si no lo sabes, pregúntalo y escríbelo. Después compara tu respuesta con la de un compañero tuyo.

_____
_____
_____
_____
_____

cuarenta y cinco **45**

12 Mira en el diccionario qué significan estas palabras.

1. BACA: _____

2. VACA: _____

3. BASO: _____

4. VASO: _____

13 Busca algunas palabras más con distinto significado si se escriben con *b* o con *v* y escríbelas.

_____

14 Corrige los errores que hay en estos enunciados.

1. La escultura es de aluminio e hierro.
   _____

2. Tengo siete o ocho CD de música clásica.
   _____

3. ¿Vienen a tu fiesta Fernando y Isabel?
   _____

4. Sube la escalera y indícame el camino.
   _____

5. Pedro está de vacaciones con su mujer y hijos.
   _____

Mira el plano y escribe cómo llegar a la gasolinera, a la universidad y al hospital.

1. Para llegar a la gasolinera:
_____
_____

2. Para llegar a la universidad:
_____
_____

3. Para llegar al hospital:
_____
_____

SOLUCIONES

UNIDAD 1

1.

café: ce, a, efe, e
lápiz: ele, a, pe, i, zeta
mesa: eme, e, ese, a
silla: ese, i, elle, a
goma: ge, o, m, a
ella: e, elle, a
decir: de, e, ce, i, erre
mapa: eme, a, pe, a

2.

A	L	V	U	N	E	R	S	B	N	I
D	I	E	X	O	O	I	O	I	I	L
O	D	I	E	C	I	S	I	E	T	E
C	I	N	C	H	U	V	I	N	R	F
U	E	T	M	O	S	N	E	T	E	U
A	Z	E	N	C	R	E	A	E	C	L
T	A	N	G	Q	U	I	N	C	E	S
R	S	E	I	S	H	Y	A	R	A	D
O	L	G	M	P	A	T	D	E	L	A
V	E	I	N	T	I	D	O	S	T	C
I	T	N	E	O	S	E	S	U	V	I

3.

1. El libro
2. La mo**ch**ila
3. El l**á**piz
4. La mes**a**
5. El cuader**no**
6. La si**ll**a
7. El bol**í**grafo
8. La pi**z**a**rr**a
9. La ti**z**a
10. El sa**c**ap**u**ntas

4.

Masculino	Femenino
Español	**Española**
Brasileño	Brasileña
Mexicano	**Mexicana**
Argentino	**Argentina**
Italiano	Italiana
Chileno	**Chilena**
Estadounidense	**Estadounidense**
Inglés	**Inglesa**
Francés	Francesa
Portugués	Portuguesa
Uruguayo	**Uruguaya**
Paraguayo	Paraguaya
Alemán	**Alemana**
Sueco	Sueca
Chino	China
Ruso	**Rusa**
Suizo	**Suiza**
Griego	Griega
Dominicano	**Dominicana**
Colombiano	Colombiana
Japonés	**Japonesa**
Rumano	Rumana
Finlandés	**Finlandesa**
Noruego	Noruega

5.

Cuando el masculino termina en **o**, el femenino termina en **a**.
Cuando el masculino termina en una **consonante**, el femenino se forma añadiendo **a**, sin **acento**.

• Respuesta libre.

6.

1. h)   4. f)   7. g)
2. e)   5. d)   8. c)
3. i)   6. b)   9. a)

7.

Masculinos: alumno, profesor, cuaderno, pianista, colegio, lápiz, garaje, patio, mapa, pelo.

Femeninos: puerta, papelera, francesa, canción, gata, pianista, cartera, casa, salud, moto, tiza, directora.

8.

—¡Hola!
—¡Hola!, ¿qué tal?
—Muy bien, ¿y tú?
—Bien también.
—¿Cómo te llamas?
—Me llamo Paco, ¿y tú?
—Paola.
—¿De dónde eres?
—De Buenos Aires, ¿y tú?
—Soy de Barcelona.

9.

Saludos
Hola
Buenos días

Despedidas
Adiós
Hasta luego
Hasta mañana
Hasta pronto

Información personal
¿Cómo te llamas?
¿De dónde eres?
¿Dónde vives?
¿Cuántos años tienes?

10.

1. ¿Cómo te apellidas?
2. ¿De dónde eres?
3. ¿Dónde vives?
4. ¿Cuántos años tienes?

11.

1. a)
2. c)
3. a)
4. b)
5. b)
6. c)
7. a)
8. b)
9. a)
10. c)

12.

	TENER	SER	ESTUDIAR	VIVIR	LLAMARSE	APELLIDARSE
Yo	tengo	soy	estudio	vivo	me llamo	me apellido
Tú	**tienes**	eres	estudias	**vives**	te llamas	te **apellidas**
Él/ella	tiene	**es**	estudia	vive	se llama	se **apellida**
Nosotros/nosotras	tenemos	somos	**estudiamos**	vivimos	nos llamamos	nos **apellidamos**
Vosotros/vosotras	tenéis	sois	**estudiáis**	vivís	os llamáis	os **apellidáis**
Ellos / ellas	**tienen**	son	estudian	**viven**	se llaman	se **apellidan**

13.

	TRABAJAR	LEER	ESCRIBIR
Yo	trabajo	leo	escribo
Tú	trabajas	lees	escribes
Él / ella / usted	trabaja	lee	escribe
Nosotros / nosotras	trabajamos	leemos	escribimos
Vosotros / vosotras	trabajáis	leéis	escribís
Ellos / ellas / ustedes	trabajan	leen	escriben

14.

Respuesta libre.

15.

C/ = calle   Pl. = plaza
N.º = número   Avda. = avenida

16.

Avda.: Avenida
P.º: Paseo
Esc.: Escalera
Sra.: Señora
Sr.: Señor

17.

Respuesta libre.

UNIDAD 2

1.

Respuesta libre.

2.

Cerca de; lejos de; a la derecha de; a la izquierda de; al lado de; en el centro de; a las afueras de; detrás de.

3.

1. El armario es **marrón.**
2. La lámpara es **amarilla.**
3. La silla es **azul.**
4. El sofá es **naranja.**
5. La cama es **verde.**

4.

P	S	M	T	E	N	D	O	L	O	V	E
U	O	E	E	S	I	L	L	O	N	I	S
R	F	U	L	C	C	M	I	E	F	S	T
B	A	Ñ	E	R	A	T	S	I	R	T	A
E	L	O	V	I	M	B	I	G	E	O	N
T	R	E	I	T	A	O	L	Z	G	F	T
R	I	V	S	O	R	O	L	A	A	E	E
I	N	T	I	R	I	B	A	P	D	N	R
S	E	L	O	I	J	I	C	P	E	T	I
A	S	A	N	O	T	D	I	A	R	I	A
L	G	F	R	F	U	K	A	L	O	J	O
F	R	I	G	O	R	I	F	I	C	O	N

5.

1. F   5. F
2. V   6. V
3. F   7. V
4. F   8. V

6.

1. **Un** armario
2. **Una** lavadora
3. **Un** lavabo
4. **Una** ducha
5. **Una** bañera
6. **Una** habitación
7. **Un** libro
8. **Una** pared
9. **Un** ordenador
10. **Una** cama
11. **Un** sofá
12. **Un** sillón

7.

1. Las estanterías
2. Las paredes
3. Las sillas
4. Los sillones
5. Las casas
6. Los pisos
7. Los dormitorios
8. Los cuartos de baño
9. Los jardines
10. Las terrazas

8.

1. Los lápices están encima de las mesas.
2. Los libros están encima de las estanterías.
3. Los espejos están en los dormitorios.
4. En las paredes hay (unos) cuadros.
5. Las lámparas son amarillas y verdes.
6. Los sillones son rojos.
7. Son unos apartamentos luminosos.
8. En los cuartos de baño hay (unas) estanterías.

9.

1. La mesa está al lado de la puerta.
2. Los libros están en la estantería.
3. La ducha está en el cuarto de baño.
4. La mesa está a la derecha de la cama.
5. Encima de la cama hay algunos libros.
6. El sillón es azul y está en la terraza.

10.

1. La terraza **está** al lado del salón.
2. Los lápices **son** de colores y **están** en la mochila.
3. Mi dormitorio **es** muy alegre.
4. El lavavajillas **es** moderno y **está** en la cocina.
5. Los armarios que **están** en la cocina **son** marrones y muy grandes.
6. Mis libros **están** encima de mi escritorio.

11.

1. En el armario **hay** muchas cosas.
2. En mi dormitorio **hay** una mesilla.
3. Mis libros **están** encima de la mesilla.
4. Los sillones **están** cerca de la terraza.
5. En la cocina **hay** cuatro sillas y una mesa.
6. La cama **está** a la izquierda.

12.

1. Mi casa está cerca **de** un parque.
2. Vivo **en** Madrid.
3. ¿Cómo es la habitación **de** Silvia?
4. La mochila está encima **de** la cama.
5. Los muebles están **en** el piso.
6. El espejo está **en** el cuarto de baño, **en** la pared, al lado **de** la estantería de madera.
7. El baño está enfrente **de** la cocina.

13.

Respuesta libre.

14.

Respuesta libre.

15.

Respuesta libre.

16.

Respuesta libre.

17.

Respuesta libre.

1. Respuesta libre.

2. Posible respuesta

Mi casa está en el centro de Madrid. Es muy pequeña, ruidosa, antigua y fea. Tiene cuatro dormitorios, un baño y un aseo. En el cuarto de baño hay una bañera y en el aseo hay una ducha. En mi casa hay un salón muy pequeño, con vistas al jardín. En el jardín hay árboles y flores. La casa no tiene luz, es muy oscura.

18.

Respuesta libre.

19.

Respuesta libre.

20.

Respuesta libre.

UNIDAD 3

1.
1. **El padre,** la madre.
2. Los abuelos, **las abuelas.**
3. El primo, **la prima.**
4. **El sobrino,** la sobrina.
5. **El hermano,** la hermana.

2.
1. Aurora es la **mujer** de Víctor Manuel.
2. Victoria es la **prima** de Juan, Pablo y Miguel.
3. Pablo, Miguel y Juan son **hermanos.**
4. Jaime y Susana son los **padres** de Felipe y Victoria.
5. Victoria y Miguel son **primos.**

3.
Respuesta libre.

4.
Respuesta libre.

5.
Posible respuesta
CUERPO: delgado, alto, bajo, gordo
CARA: bigote, gafas, barba, guapo, feo
PELO: el pelo blanco, largo, rubio, rizado, moreno, pelirrojo, calvo…

6.

ES	TIENE	LLEVA
delgado, alto, rubio, moreno, gordo y calvo	el pelo largo, corto y rizado	bigote, gafas y barba

7.
1. Tus tías son altas y delgadas.
2. Nuestras primas llevan gafas.
3. Sus abuelas tienen el pelo blanco.

• 1. Tu tío es bajo y gordo.
2. Nuestro primo no lleva gafas.
3. Su abuelo tiene el pelo negro.

8.
1. Juan es muy delgado. Tiene el pelo corto y liso. Lleva barba y gafas.
2. María lleva gorro y tiene el pelo largo. Es morena.
3. Pablo es gordito y bajo. Es calvo y lleva bigote.

9.
Mi tío Alberto **es** el hermano de mi madre. Trabaja en un laboratorio. **Lleva** barba y **es** muy simpático. **Es** alto y un poco gordo. **Tiene** el pelo rizado y **tiene** canas. **Tiene** dos hijos. El mayor **es** simpático, como su padre. El pequeño **es** muy antipático.

10.
1. **La nuestra**…
2. **La vuestra**…
3. **La mía**…
4. **Los tuyos**…
5. **La tuya**…
6. **La vuestra**…

11.
1. Sí, son nuestros.
2. Sí, es suya.
3. Sí, sí son suyos.
4. Sí, es mío.
5. Sí, son suyas.
6. Sí, es suyo.

12.
1. ¿Quién es **este** profesor?
2. ¿Quiénes son **estos** estudiantes?
3. ¿Quiénes son **estas** chicas?
4. ¿Quién es **esta** profesora?
5. ¿Quiénes son **estos** profesores?

13.
Respuesta libre.

14.
Respuesta libre.

15.
Respuesta libre.

16.
Respuesta libre.

17.
Respuesta libre.

18.
Respuesta libre.

19.
Posible respuesta
alto, bajo, gordo, delgado, calvo, moreno

20.
1. Octubre
2. Enero
3. Abril
4. Junio
5. Julio
6. Agosto
7. Noviembre
8. Mayo
9. Septiembre
10. Marzo
11. Febrero
12. Diciembre

21.
Posible respuesta
simpático, antipático, divertido, aburrido, amable, sociable, majete (= sociable, amable, simpático, coloquial en lenguaje de los jóvenes)

22.

	V	F
La Navidad se celebra el 24 de diciembre.		X
El 25 de diciembre es el día de los regalos.		X
El día 6 de enero es el día de los regalos.	X	
La fiesta del fuego son las Fallas.	X	

23.

Respuesta libre.

24.

1. La hija de mis padres es mi hermana.
2. El padre de mi primo es mi tío.
3. Los hijos de mi hermana son mis sobrinos.
4. La madre de mi padre es mi abuela.

UNIDAD 4

1.

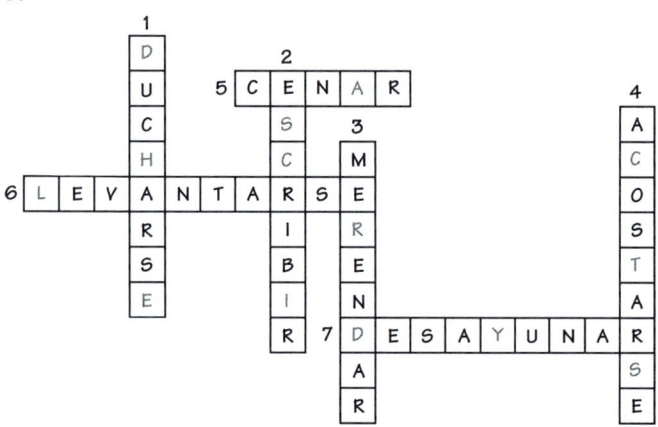

2.

1. Normalmente
2. Nunca
3. A veces
4. A menudo
5. Casi nunca
6. Siempre
7. Casi siempre

3.

Nunca, casi nunca, a veces, a menudo, normalmente, casi siempre, siempre.

4.

Taxi   Autobús   Tren   Avión
Bicicleta   Metro   Moto   Coche

5.

El taxi, la bicicleta, el autobús, el metro, el tren, la moto, el avión, el coche.

6.

Respuesta libre.

7.

1. Jugar al tenis con los amigos.
2. Dormir ocho horas.
3. Ir al colegio andando.
4. Hacer los deberes.
5. Hacer la cama.
6. Lavar la ropa.
7. Desayunar temprano / pronto.
8. Levantarse pronto / temprano.
9. Jugar al baloncesto.

8.

1. Son las siete y veinticinco.
2. Son las ocho y media.
3. Son las nueve menos diez.
4. Son las siete menos veinticinco.
5. Son las nueve y veinticinco.
6. Son las cinco menos cuarto.

9.

Regulares: cenar, ducharse, llegar, escribir, hablar, barrer, quitar.

Irregulares: soler, ir, empezar, tener, acostarse, merendar, dormir, venir, poner, cerrar.

10.

1. Tú te despiertas.
2. Nosotros nos acostamos.
3. Ella merienda.
4. Nosotros jugamos.
5. Ella come.
6. Tú estudias.
7. Vosotros os ducháis.
8. Ellos cenan.
9. Yo voy.
10. Tú vienes.
11. Nosotros hacemos.
12. Nosotros nos bañamos.
13. Yo pongo.
14. Tú quitas.
15. Ella riega.
16. Vosotros paseáis.

11.
1. Ella viene a casa **en** metro.
2. Mi madre se levanta **a** los ocho **y** media.
3. **Los** lunes tengo clase **de** Matemáticas.
4. Voy al cine **a** menudo.
5. ¿**A** qué hora sales del colegio?

12.
Respuesta libre.

13.
1. ¿Cenas **en** casa?
2. ¿Vas al cine **con** tus amigos?
3. ¿Tienes clase **por** la tarde?
4. ¿Vienes a la escuela **en** autobús?
5. ¿Friegas los platos **en** el campamento?

14.
Respuesta libre.

15.
Respuesta libre.

16.
Posible respuesta
1. ¿Cómo vais a la piscina?
2. ¿Qué hora es?
3. ¿Vas al cine?
4. ¿Quién quita la mesa en tu casa?
5. ¿A qué hora te levantas?

17.
Respuesta libre.

18.
Martina es profesora. **Trabaja** en un colegio. **Se levanta** todos los días a las 7 menos cuarto **de** la mañana y su trabajo **empieza** a las 8 **y** media. Normalmente **come** en la cantina del colegio, pero **los** martes **vuelve** a casa para comer, porque no tiene clase.
Normalmente termina **de** trabajar **a** las 5 de la tarde. Entonces, **va** al gimnasio **con** sus amigas. Hacen **gimnasia** y después **vuelven** a casa.
Martina **cena** a las 21:00 con **su** marido. Después, ven la tele o **leen** un libro. **Se acuestan** a las 23:00.

19.
Posible respuesta
Tú vas a la piscina.
Los sábados por la tarde vamos al cine.
Voy a casa andando.
Este fin de semana estoy en casa de mis abuelos.
Mi hermana mayor va a la disco los fines de semana.
Voy al gimnasio por la tarde.
Hago los deberes en casa por la noche.
Me levanto a la 7 de la mañana.
Son las 10 de la mañana.

20.
Respuesta libre.

21.
Posible respuesta
Muchos españoles se levantan tarde los domingos. Muchos españoles desayunan churros los domingos. Comen paella. A veces comen en un restaurante. Toman el aperitivo en un bar.

22.
Respuesta libre.

UNIDAD 5

1.
1. TORTI**LL**A DE PAT**A**TAS
2. PA**E**LLA
3. P**U**RÉ D**E** **V**ERDURAS
4. EN**SA**LADA MI**X**TA
5. N**A**TILLAS
6. TA**RT**A DE Q**U**ESO
7. F**I**LETE
8. PE**SC**ADO F**R**ITO
9. VE**RD**UR**A** A LA PLAN**CH**A

2.
1. Arroz a la cubana
2. Ensalada mixta
3. Puré de verduras
4. Natillas

3.
De primero: tortilla de patatas, paella, puré de verduras, ensalada mixta, verdura a la plancha.
De segundo: filete, pescado frito.
De postre: natillas, tarta de queso.

4.

5.
1. Menú del día: Una comida completa (1.º, 2.º, postre, pan y bebida) a precio fijo.
2. Comida rápida: Establecimientos en los que puedes comer hamburguesas o bocadillos.
3. A la carta: Elegir los platos de una oferta variada.

6.
1. ¡Aburridísima!
2. No, ¡están sosísimos!
3. Sí, ¡son baratísimas!
4. ¡Están sabrosísimos!
5. ¡Está durísimo!

7.
Posible respuesta
1. A **ti** te gustan los perros
2. A él **le** gusta **el pollo**
3. A ella **le** **gusta** el café
4. A **usted** le gustan **los helados**
5. A nosotros/as **nos** **gusta** el fútbol
6. A **vosotros/as** os **gustan** las patatas
7. A ellos **les** gusta **el pescado**
8. A **ellas** les **gusta** la leche
9. A ustedes **les** gustan **los helados**

8.
Respuesta libre.

9.
Odio, no me gusta/n nada, me gusta/n poco, no me gusta/n mucho, me gusta/n mucho, me encanta/n.

10.
Respuesta libre.

11.
Respuesta libre.

12.
1. **Me gustan** las patatas fritas.
2. **Quiero** tomar un zumo, por favor.

3. **Quiero** un refresco, por favor.
4. **¿Te gusta** la *pizza*?
5. De primero, **quiero** una ensalada y de segundo **quiero** pescado porque **no me gusta** la carne.
6. **¿Quieres** beber algo? Sí, un zumo, ¡**me encanta** el zumo de naranja!

13.
Respuesta libre.

14.
Respuesta libre.

15.
Respuesta libre.

16.
Respuesta libre.

17.
1. ¿Nos trae un vaso, por favor?
2. ¿Nos trae una servilleta, por favor?
3. ¿Nos trae aceite, por favor?
4. ¿Nos trae sal y pimienta?
5. ¿Nos trae una botella de agua?
6. ¿Nos trae un refresco?

18.
1. **h**acer
2. ∅ almo**h**ada
3. ∅ amarillo
4. ∅ azul
5. **h**ora
6. **h**ermano
7. ∅ agua
8. **h**orno
9. **h**elado
10. ∅ arroz

19.
Respuesta libre.

20.
Respuesta libre.

UNIDAD 6

1.
1. La cabeza
2. El cuello
3. La espalda
4. La mano
5. La pierna
6. Los pies
7. Los ojos
8. La nariz
9. La oreja
10. El brazo

2.

A mí	me	duele	**la mano**
A **ti**	te	**duelen**	los pies
A él, ella, **usted**	**le**	duele	la cabeza
A nosotros, nosotras	**nos**	**duele**	la espalda
A **vosotros, vosotras**	os	duelen	**los ojos**
A **ellos, ellas,** ustedes	**les**	**duele**	**el cuello**

3.
1. pies-zapatos
2. manos-uñas
3. cabeza-pelo
4. ojos-gafas
5. espalda-natación
6. nariz-pañuelo

• Respuesta libre.

4.
1. Necesito una aspirina porque **tengo dolor de** cabeza.
2. Me **duelen** los pies después de esta excursión.
3. **¡Estoy** muy cansado!
4. **Estoy** un poco nerviosa por el examen.
5. ¿Por qué llevas tantos pañuelos? Porque **estoy** resfriado.
6. **Tengo dolor de** garganta.
7. ¿Qué te **duele**?

8. **Tengo** fiebre y me **duele** la cabeza.
9. **Tengo** tos, necesito beber agua.
10. ¿Qué te pasa? **Estoy** cansada.
11. Me **duelen** los ojos; es porque leo sin gafas.

5.

A Carlos le duele la cabeza.	Carlos tiene dolor de cabeza.
A mí me duele la espalda.	Tengo dolor de espalda.
A Marta y a Francisca les duelen los ojos.	Marta y Francisca tienen dolor de ojos.
A Mercedes le duelen los pies.	Mercedes tiene dolor de pies.
A nosotros nos duele el estómago.	Tenemos dolor de estómago.

6.
Respuesta libre.

7.
Respuesta libre.

8.
Respuesta libre.

9.
Respuesta libre.

10.
Respuesta libre.

11.
Respuesta libre.

12.
1. BACA: Portaequipajes, objeto que se coloca encima de los coches.
2. VACA: Animal mamífero del que habitualmente se bebe la leche.
3. BASO: Primera persona del presente de indicativo del verbo *basar*.
4. VASO: Objeto de cristal que se usa para beber.

13.
Respuesta libre.

14.
1. La escultura es de alumino **y** hierro.
2. Tengo siete **u** ocho CD de música clásica.
3. ¿Vienen a tu fiesta Fernando **e** Isabel?
4. Sube la escalera **e** indícame el camino.
5. Pedro está de vacaciones con su mujer **e** hijos.

15.
1. Tiene que ir todo recto y girar la tercera calle a la derecha.
2. Debe seguir recto y girar la primera calle a la izquierda.
3. Hay que seguir recto y girar la segunda calle a la derecha.